Números
tragaldabas

Ediciones Destino

Publicado por:
Ediciones Destino
© 2003, Editorial Planeta Mexicana, S.A. de C.V.
Avenida Insurgentes Sur 1898
Piso 11, Col. Florida,
01030 México, D.F.
ISBN: 970-690-807-2

Impreso en México

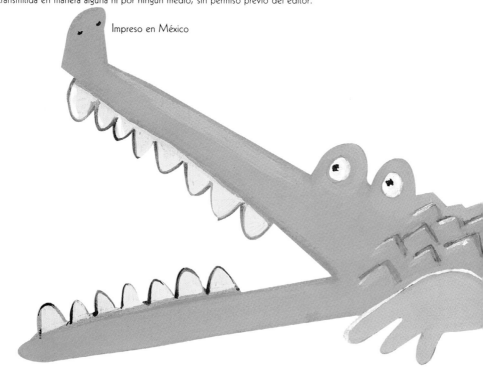

Números
tragaldabas

Margarita Robleda
con ilustraciones de Natalia Gurovich

1 A la una...
cucharadas de luna.

4

2 A las dos…
les encanta el arroz.

**3 A las tres...
patita de res.**

4 A las cuatro...
pescuezo de pato.

7

A las cinco...
desde aquí te brinco.

8

6 **A las seis…**
sopita de pies.

9

7 A las siete...
con globos de arete.

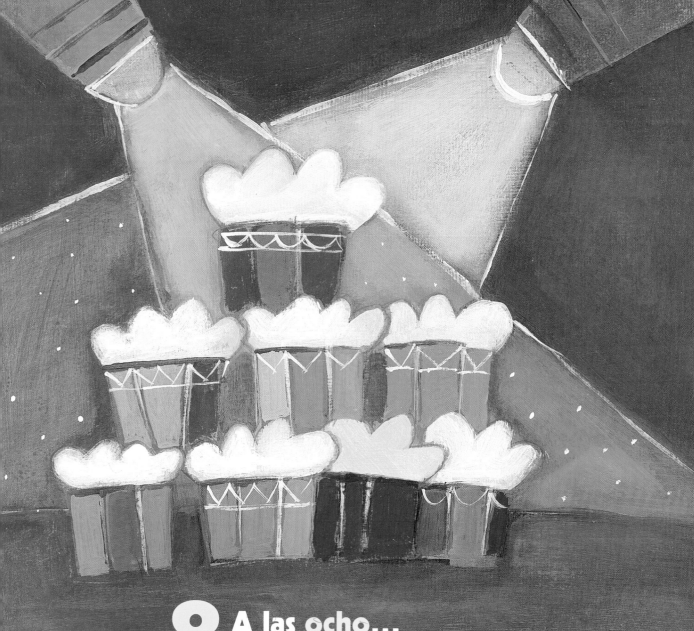

8 **A las ocho...
montón de bizcochos.**

9 A las nueve...
su bigote se mueve.

10 A las diez...
bollitos de nuez.

11 A las once…
de frutas el ponche.

12 A las doce…
come pinole y tose.

13 **A las trece...**
su panza se mece.

16

14 A las catorce... su cara se esconde.

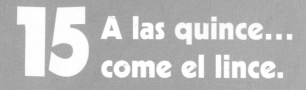

15 A las quince... come el lince.

18

16 A las dieciséis...
chocolates de ciempiés.

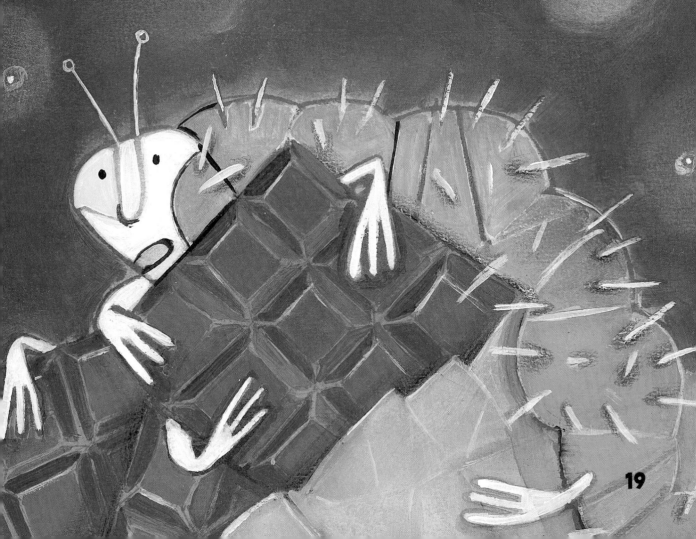

19

17 **A las diecisiete…**
rebanaditas de nieve.

18

**A las dieciocho...
de tocho morocho.**

20 A las veinte...
muy feliz se siente.

1
Uno

2
Dos

3
Tres

4
Cuatro

5
Cinco

6
Seis

7
Siete

8
Ocho

9
Nueve

10
Diez

11
Once

12
Doce

13
Trece

14
Catorce

15
Quince

16
Dieciséis

17
Diecisiete

18
Dieciocho

19
Diecinueve

20
Veinte